Élisabeth Olliéric

La profondeur de l'apparence

Le Bar
de la
Sirène

SEUIL

Collection
« Le Bar de la Sirène »
créée par Maud Simonnot

Illustration de couverture :
Photo-fox / Alamy Stock Photo. Toni Frissell Collection,
Fashion model underwater in dolphin tank, Marineland, Florida, 1939

ISBN 978-2-02-158781-4

Éditions du Seuil
57, rue Gaston-Tessier, Paris XIXe

www.seuil.com

Les vêtements nous voient grandir, épousent la forme de nos corps ; leurs matières s'imprègnent du parfum de nos émotions et dévoilent une épaisseur de sens et de signification.

Tous les vêtements racontent une histoire.
Voici la mienne.

UN PANTY EN DENTELLE

IL Y AVAIT CET AIR qui passait de pièce en pièce et s'infiltrait partout.

La musique partait du salon, ouvrait les portes et remontait l'enfilade des pièces. Comme un ruban, elle tourbillonnait dans la salle à manger autour du lustre Napoléon III, pénétrait dans le long couloir avec son vieux parquet qui nous donnait des échardes, rentrait dans ma chambre puis s'échappait par la fenêtre pour flotter dans le ciel d'été. C'était une chanson qui parlait de la nostalgie des amis qu'on a perdus et qu'on ne retrouvera jamais.

Melina Mercouri chantait en grec.

Maman l'écoutait en boucle et, sans en comprendre les paroles, je me sentais emportée par le sens. Une succession de sons en a et ou me réconfortait tout en me rendant triste.

Cela s'appelait Fygan Ta Paidia et c'était beau.

Sur la pochette de l'album, la photo en noir et blanc montrait la chanteuse, tête rejetée en arrière, portant une robe à imprimé folklorique. Tout chez elle exprimait le mélange d'abandon et d'engagement.

Ma grand-mère, dont on disait qu'elle avait l'âme russe pour son caractère mélangé d'euphorie et de mélancolie, l'adorait.

C'était comme si les femmes de la famille avaient trouvé leur étendard de sens et de beauté. Une possibilité de s'affirmer en prolongeant différemment l'engagement social, un engagement plus politique et moins religieux.

C'était le début des années soixante-dix.

Un an avant, nous avions dû abandonner la maison de mes grands-parents qui ne voulaient plus de la charge d'une propriété à la campagne. Cela représentait l'obligation d'accueillir à chaque vacances toutes leurs filles, leurs maris, leurs enfants et les brouilles qui souvent allaient avec.

Un modèle qu'ils avaient jugé trop bourgeois, reniant ainsi la lignée des familles ultra nombreuses dont venait ma grand-mère qui avait dix frères et sœurs.

1971 avait fini de tout emporter.

Sur les photos, il ne restait plus rien des attitudes posées et tirées à quatre épingles, celles où les femmes étaient assises jambes croisées avec à leurs pieds les enfants et debout, derrière, leurs maris. Comme une liberté naissante, une forme de laisser-aller s'imposait.

Je portais les mêmes vêtements que mes deux frères, blousons d'aviateur en toile marine, avec le col de fourrure, pulls marins qui grattaient et pantalons de velours rouges.

Je n'ai aucun souvenir d'une robe. Seule ma première communion a permis que j'en porte une avec des souliers blancs et une mantille.

L'été, maman coupait nos pantalons au genou. Livrés à nous-mêmes nous partions rejoindre la tribu de cousins.

Je faisais partie des moyens, je devais suivre et me taire, c'étaient les grands qui menaient.

Je rêvais d'une poupée Barbie, mais je n'y avais pas droit car elles avaient de la poitrine. Maman trouvait cela vulgaire et on m'avait offert Skipper, la cousine beaucoup plus sage et sans attributs féminins. Skipper était gentille et suivait Barbie, comme je le faisais avec mes cousines plus âgées.

Je crois que c'est la raison pour laquelle je me suis entichée d'une drôle de culotte – je n'ai aucun souvenir de qui me l'avait offerte, mais certainement pas Maman.

C'était un panty blanc en dentelle, et je me souviens combien en le portant je m'étais sentie plus assurée, affirmant mon goût pour ce que je trouvais être pour les filles.

On m'avait dit que j'étais ridicule de vouloir jouer à la petite bonne femme.

J'avais grandi dans une époque et dans un moule où une matière comme la dentelle appartenait au monde du trouble et certainement pas à celui de l'enfance.

Mais comme je l'aimais ce petit panty.

J'assistais à la libération de ma mère et ses sœurs, elles portaient des impers maxi sur des jupes ultracourtes. Maman s'était même fait friser les cheveux, papa avait détesté, il avait trouvé cela tellement vulgaire.

Ce qui était curieux, c'est que papa, qui venait d'un milieu plus modeste que maman, mettait dans le choix des vêtements un conformisme qu'il continuait d'associer à un milieu social plus élevé, comme pour y accéder. À l'inverse, mes grands-parents, qui avaient été en leur temps royalistes, s'étaient installés sur un terrain inconstructible en bord de mer et vivaient dans une caravane.

Comme dans ce livre que j'avais adoré, nous étions passés d'un palais à une mansarde.

Déjà, même à sept ans, je pouvais sentir combien les vêtements accompagnaient les comportements et pouvaient même révéler les désirs interdits.

LE MANTEAU ROUGE

Mon père était l'avocat des gitans.

Il les recevait à la maison puisque son bureau était dans notre appartement, rue Cassini.

Pendant la journée, notre entrée faisait office de salle d'attente.

Circulaire, elle ouvrait à la fois sur la cuisine, un couloir qui menait aux chambres, la salle dans laquelle nous aurions notre première télévision et enfin sur le salon transformé en bureau.

Ce n'est pas arrivé très souvent mais je me revois, rentrant de l'école, pour trouver, plantés sur des chaises de campagne, des hommes dont les visages m'effrayaient.

C'est l'époque où maman avait fait repeindre l'entrée en orange et la cuisine en vert pomme.

Un soir d'orages d'été, le plafond gorgé d'eau accumulée à cause de gouttières pas réparées, s'était effondré d'un seul coup.

C'est le souvenir que j'en ai mais surtout celui de papa qui, malgré le bruit terrifiant, n'avait pas bougé de son lit.

Lit sur lequel il était cloué par sa dépression depuis des années.

Personne ne nous disait qu'il était dépressif. On nous disait qu'il avait la grippe.

Elle le prenait chaque année du mois d'octobre au mois de mars et l'emportait se soigner au pavillon 34.

Au milieu des années soixante-dix, en province, être dépressif équivalait à être complètement cinglé.

Il y avait donc ce mystère autour de ses disparitions, une gêne mêlée de pitié dans les expressions des amis, de la famille. Et il y avait tout ce que j'inventais pour magnifier son rôle et cacher le chagrin.

Je ne me souviens pas de moment précis de tristesse mais plus d'une ambiance diffuse qui circulait partout, se lisait dans les attitudes forcées à la joie que prenaient les adultes autour de moi, pour toujours dissimuler ce qui couvait.

Ma grand-mère maternelle n'avait de cesse de nous répéter que nous ne serions jamais assez gentils avec maman. Sans le vouloir, en disant cela, elle appuyait le drame et faisait naître la culpabilité.

Par notre attitude, nous avions le devoir de réparer, soigner ce que maman vivait avec notre père.

Cette tristesse allait jusqu'à s'accrocher aux vêtements.

Il y a une série de photos, de Polaroïds notamment, qui ont jauni.

Le temps a effacé les couleurs, mais n'a pas réussi à atténuer les expressions de chagrin contenu, de gravité qui nous rigidifiaient mes frères et moi dans des attitudes d'enfants propulsés trop tôt dans l'âge adulte.

Je revois une photo avec papa au golf. J'avais dû le suivre le temps d'un parcours. Je suis en retrait et je le regarde jouer.

Il me suffit de la regarder pour ressentir tout ce dont il souffrait.

Je porte un manteau rouge.

On m'avait acheté le même que mes deux cousines.

Un joli manteau rouge à double boutonnage dans un gros drap de laine qui vous tient la silhouette et vous sangle l'attitude.

Un manteau qui venait affirmer que même si nous étions des parias dont le père était fou, tout devait rester joli et dire au monde que la vie continuait à rouler. Que j'étais une enfant à l'apparence soignée et que nous pouvions nous attacher à des choses futiles même dans la peine.

Et garder la tête haute. Préserver les apparences. Comme une armure qui vous tient, vous aide quelquefois à crâner parce qu'on ne veut surtout pas de la pitié des autres.

Dès lors, il y a eu la possibilité d'un style auquel se raccrocher.

LA SOUTANE NE FAIT PAS LE MOINE

MA GRAND-MÈRE AVAIT EU CINQ garçons.

Venant d'un milieu modeste, elle était très fière de compter parmi ses fils : un médecin, un juge, un avocat et surtout un prêtre. C'était mon oncle Philippe.

L'été, il venait passer ses vacances à La Baule dans la maison de famille.

C'était un homme très vif, l'esprit rapide et affûté. Un mélomane qui jouait du piano et remplissait la maison de notes mais aussi de son rire qui pouvait s'élancer dans l'air comme une cascade.

Sa soutane étant mise de côté, lorsqu'il priait dans le jardin, il ne portait qu'un pantalon de toile et une chemise à col romain. C'était l'été, et nous apprenions qu'il avait le droit à des vacances lui aussi.

Il était un acharné de la culture physique comme il aimait à appeler le sport.

Nous le découvrions en short et même en maillot, ce qui ne manquait pas de troubler le respect que nous lui portions.

Du jour au lendemain, il nous semblait que c'était comme voir Dieu qui partait se baigner.

Il était très joueur, adorait les escapades et emmenait ses six neveux dans ce qu'il appelait des Philippo-nades qui terrorisaient ma grand-mère, qui craignait un accident.

Sa voiture était une Coccinelle décapotable blanche, nous nous entassions tous autour de lui et filions vers la côte sauvage pour nous baigner au milieu des rochers.

Quelquefois, il emmenait même Micheline, une énorme femme qui souffrait de bien des maux et dont il voulait égayer les jours tristes.

Il conduisait très vite, Micheline à ses côtés et nous tous empilés les uns sur les autres à l'arrière.

Le vent dans les cheveux, nous hurlions à tue-tête tous les airs qu'il nous faisait entonner.

Le soir à la maison, à la lueur d'une bougie, il descendait dans le salon où nous l'attendions pour qu'il nous raconte les terrifiantes histoires de l'oncle Philippe.

Il était question de morts qui n'étaient pas tout à fait morts et frappaient dans leurs cercueils pour ne pas être enterrés vivants.

Bien sûr comme j'étais une fille je n'avais pas le droit de l'aider à servir la messe à l'église.

Cela m'emplissait de tristesse car je rêvais de manipuler toutes ces burettes et de faire passer l'eau de l'une à l'autre.

Une fois, une seule, lors d'une messe dite à la maison, il m'y a autorisée et je ne me suis pas tenue de joie.

Puis à la fin de l'été, il renfilait sa soutane et reprenait sous nos yeux toute l'autorité du prêtre.

Mais les souvenirs heureux avaient laissé la trace de l'homme que nous avions découvert sous l'habit.

Aujourd'hui à chaque fois que je croise un religieux, je pense à mon oncle et je le remercie, car c'est grâce à lui que je n'attends pas d'eux qu'ils se comportent comme des dieux mais bien comme des hommes inspirés qui cherchent un chemin vers l'Amour.

Aussi, s'il y avait eu dans ce vêtement le conformisme d'une fonction, j'avais eu la chance de vivre des moments où l'esprit pouvait se libérer de l'apparence, ne pas s'y limiter pour au contraire apprécier la personnalité. Sous l'étoffe et à travers le temps continuaient de palpiter des vibrations qui résonnaient ailleurs et m'aidaient à comprendre les silhouettes que je croisais.

FAIRE LE LINGE

DANS L'HÔTEL DE MA grand-mère, deux endroits étaient remplis de mystère. Il y avait bien sûr le bar anglais qui pendant la journée exhalait l'odeur des fauteuils en cuir, mêlée à celle du tabac froid.

Il y faisait très sombre, nous n'avions pas le droit d'y aller, on savait que c'était interdit.

Il y flottait l'air des adultes, qui fumaient des américaines, buvaient des cocktails et jouaient au gin rami. C'était la fin des années soixante, nous étions des enfants invisibles qui observaient leurs parents s'amuser en nous tenant sages. Nos univers étaient totalement séparés. Il n'y avait pas d'intrusion possible dans leur vie, nous devions dîner avant eux ou, si nous étions réunis, nous devions nous taire.

Cela permettait d'avoir une vie parallèle, secrète, une vie de tribu livrée à elle-même.

Ma famille s'organisait autour de deux femmes aux caractères forts et différents.

Ma grand-mère et ma grand-tante. Je me souviens des cris, des pleurs lors de déjeuners dominicaux, parce que mon père votait à gauche et n'allait plus à l'église.

Tout se passait dans la petite salle à manger au premier étage de l'hôtel. Cette partie n'était pas accessible à tout le monde, et on y arrivait après avoir ouvert et refermé de nombreuses portes.

Pendant longtemps, nous avions pris nos repas dans la grande salle à manger, séparés des clients par un long paravent en bois. C'était toujours ma grand-mère au caractère plus discret qui présidait. Elle et ma grande-tante dirigeaient l'hôtel – l'une assurant le matin, l'autre le soir. Cela disait leur manière d'accueillir le client. Ma grand-mère avec un genre très « dans nos familles » où tout était vu de l'angle de la religion, de l'assiduité à la messe et donc de la moralité ; ma grand-tante plus flamboyante et léonine, qui jouait aux cartes, et n'aimait rien tant que les sorties, mondanités et parties de golf.

Entre elles, elles s'appelaient Jane et Andrée et cela me semblait d'une familiarité qui dénotait avec la vision que j'avais d'elles, car elles possédaient des prénoms qui se rapportaient à une époque, à une position, et parlaient des femmes qu'elles avaient été bien avant ma naissance. Je trouvais cela très troublant.

L'hôtel était notre terrain de jeux. Espionner les clients, enquiquiner les femmes de chambre, installer des pièges et nous cacher dans tous les recoins de la cave au grenier.

Il y avait cet endroit appelé l'économat. Pour y accéder, on descendait un escalier de pierre. Les murs suintaient la froidure et peu à peu, en même temps que montait la chaleur, on percevait le bruit des tambours de machine. À la fois inquiétant et attirant.

C'était là que se faisait le linge : draps, serviettes de toilettes, torchons, nappes. Tout était blanc avec le nom de l'hôtel brodé en bleu.

Toute petite déjà, j'aimais m'installer sur les dernières marches de l'escalier pour sentir cette odeur de lessive, de terre qui montait du sol, mêlée à celle de l'humidité des pierres. Je me laissais bercer par le bruit et j'observais les lingères étendre ou repasser. Et je glissais dans la sécurité, celle du ventre de l'hôtel, un endroit où le propre, le net et le bien plié assuraient que tout était en ordre et qu'il n'y avait pas d'inquiétude à avoir.

POUR TOUJOURS UNE COLLECTION

Pour toujours 1976 et la collection Cacharel automne-hiver photographiée par Sarah Moon.

J'ai tout aimé et tout emporté à travers les années.

Tout m'attire, tout me trouble et me fait vibrer.

Je pourrais fermer les yeux et me retrouver inlassablement devant des rouleaux de tweed, liberty, crépon, seersucker, écossais dont les tons iraient du bordeaux au bleu nuit, des marrons mélangés au kaki, des terres de Sienne, du vert foncé à l'aigue-marine, du violet associé au rose poudré.

Rien de vif mais au contraire des nuances presque sourdes, des couleurs qui seraient passées au soleil ou à la lune et qui par leur douceur permettraient de s'harmoniser entre elles. Qu'il soit possible de glisser sensuellement d'une teinte à l'autre sans que jamais l'œil n'en soit heurté.

Des cotons lourds qui donnent un tombé presque glacé aux jupes à rayures tennis pour exprimer la fraîcheur des premiers jours de printemps.

Des étamines de laine légères et précieuses pour des robes qui exhalent la chaleur féminine.

Lorsque je visite des placards, je ne m'étonne jamais de constater combien les femmes achètent éternellement les mêmes choses.

Comme un retour à l'originel, une habitude réconfortante à vouloir retrouver l'expression de départ, le premier goût, l'attirance native.

En 1976, j'ai douze ans et je regarde Maman et ses sœurs danser sur « Daddy Cool ». Sans doute Papa était malade ou alors il criait qu'il fallait éteindre ce crincrin. Dans le salon, je les observais répéter la chorégraphie de Boney M. Cela me semblait défendu alors qu'il y avait toute cette chape lourde au-dessus de nos cœurs.

Mais Maman s'amusait, j'étais soulagée et j'allais timidement les rejoindre pour moi aussi apprendre à faire les mouvements.

Et pourtant j'avais peur, une de mes tantes avait divorcé puis s'était remariée avec le même homme : un artiste peintre anticonformiste qui sifflait « Mamy Blue » ou « Les volets clos » de Nicoletta. Ma tante s'amusait à le rendre très jaloux et nous assistions chaque été à leurs scènes terriblement violentes. Dans la maison de mes grands-parents, ils vivaient au même étage que celui des enfants, la plupart du temps très dévêtus ou dans des vêtements ethniques, et rejetaient le modèle bourgeois. J'appris à lier leur attitude à ce qu'ils portaient, et j'associais le tie & dye de leurs tee-shirts tunisiens et la fluidité de leurs tuniques indiennes à un comportement irresponsable qui m'inquiétait.

Je craignais par-dessus tout qu'ils entraînent Maman et qu'elle quitte Papa. Lui portait des pulls marins et des polos de tennis et, malgré sa maladie, c'étaient des tenues qui disaient encore un peu l'ordre établi.

Maman portait des bottes et une jupe-culotte en tweed de la collection Cacharel qui se déclinait aussi pour les enfants. On trouvait les modèles chez Gribouille, un magasin dans lequel elle m'emmenait deux fois par an. À l'automne 1976, j'en suis repartie portant un sac dont plus tard j'ai découpé la photo pour l'afficher au mur de ma chambre. Sarah Moon en avait photographié les modèles avec des couleurs profondes et veloutées. Des jeunes filles, des femmes ou des enfants y posaient comme dans un album de famille oublié. Ils portaient des pulls en shetland jacquard avec les bérets assortis, des robes aux Liberty de laine, des jupes en tweed, des foulards portés comme des matriochkas. Les images étaient grainées et floues et donnaient l'impression d'un décor pas vraiment réel. Cela me rappelait la Loulou de Pabst que mon grand-père adorait. C'était comme au cinéma, des vêtements qui développaient l'imaginaire.

À l'aube de ce que personne n'appelait vraiment l'adolescence, j'ai plongé dans cet univers dont la douceur permettait de devenir femme tout en restant nostalgique de l'enfance.

ADOLESCENCE, MIROIRS ET MOCASSINS

J'AI SEIZE ANS. J'ÉCOUTE LES Who et je veux devenir mod's comme dans le film britannique *Quadrophenia*. Je vais aux puces, j'achète une parka kaki et je rêve de rouler en scooter. Je fais le mur et je file au Rose Bonbon à Paris, rue Caumartin derrière l'Olympia. C'est le temple du rock, là où se produisent les groupes français et anglo-saxons.

Je reprends mes pantalons pour qu'ils soient totalement skinny, j'achète des creepers – les chaussures à semelle de crêpe –, des teddies, mais aussi des stilettos noirs, 60, très pointus. Je m'essaye aux talons avec des robes qui font une taille de guêpe. Je veux avoir l'air d'Elli Medeiros, la chanteuse des Stinky Toys.

Chaque fois que j'arrive, je descends l'escalier au son de « Dancing with Myself » de Billy Idol, après avoir croisé, juste devant l'entrée, la bande de skins qui n'a pas le droit de rentrer. Je n'ai même pas peur, je suis inconsciente et portée par la musique.

Je reviendrai par le premier train du matin, celui qui me ramènera vers tout ce que j'honnis : l'autorité naissante de mon père, les cours, mais surtout cette ville composée de lodens verts, d'impers kaki ou de kilts bien longs. Les kilts, moi je les veux mini, au ras des fesses portés avec des collants épais et des bottines lacées.

Nous étions arrivés dans cette nouvelle ville à l'automne 1978, j'avais commencé l'année en cours de route. J'avais débarqué en salopette – une de celles que j'avais teintes – et tout le monde m'avait dévisagée comme une extra-terrestre, une fille pas trop respectable. Ça m'avait fait crâner, j'avais bluffé pour dissimuler ma timidité.

Mais dans ce moule, il y avait plus qu'un carcan social. Sous leur blouse d'uniforme, toutes ces jeunes filles portaient chacune des personnalités très fortes. J'allais apprendre à découvrir ce qui frémit derrière l'apparence.

Je n'avais que de la colère. Elle était remontée et voulait s'imposer coûte que coûte pour prendre la place de la tristesse, celle des années précédentes. Elle était une manifestation d'identité. Je la cultivais pour m'efforcer d'exister différemment.

J'écoutais plein de disques sur mon pick-up orange, j'apprenais tout par cœur comme pour m'affirmer dans les paroles et trouver qui j'étais. J'aimais les chansons tristes qui font pleurer, je voulais des sentiments élevés, très forts. Au-dessus de mon lit, il y avait l'affiche du film *Les Yeux de Laura Mars*. Faye Dunaway, photographe de mode, posait en jupe fendue et bottes noires.

Maman était là et pourtant absente. Le chagrin n'en avait pas fini et avait besoin d'être noyé. Je chantais « Comme avant » de Mort Shuman pour m'inventer le regret d'une enfance qui n'avait jamais existé.

Je n'avais pas beaucoup d'argent de poche, je m'essayais des looks avec les vêtements de maman. De temps en temps Papa versait une somme qui permettait de partir faire des courses.

J'étais tombée en arrêt devant une paire de mocassins violets de chez Sacha, trop petits pour moi, que je porterais jusqu'à en tomber de douleur.

Je voulais me trouver et me cherchais dans toutes les glaces. Apprivoiser ce que je voyais et que je n'aimais pas. Des heures durant m'observer, jouer avec mon image, prendre des poses et face au miroir, essayer de faire remonter tout ce que je ressentais. Coller aux paroles des chansons que j'écoutais et m'inventer une maturité amoureuse comme si j'étais une fille qui avait connu des passions dévastatrices.

Musique, miroir, chaussures m'ont indiqué des bouts de moi à suivre. Dans chaque choix, il y a eu toute la projection de ce que je voulais devenir, un puzzle qui allait s'assembler au fil du temps et proposerait davantage qu'une silhouette vide de sens.

LA ROBE DE MARIÉE

MA ROBE DE MARIÉE ÉTAIT trop courte. Elle laissait apparaître des escarpins blancs, ni pointus ni ronds, fabriqués uniquement pour les mariages. La paire qui, comme la robe, n'est jamais reportée.

Je l'ai longtemps gardée, et puis il y a quinze ans en déménageant, je l'ai balancée, dans un geste qui voulait emporter avec lui tout ce que je décidais de laisser derrière moi.

Maman avait conservé la sienne, elle servait à se déguiser, elle avait jauni, sentait la naphtaline et me collait un effroyable cafard.

Nous avions fait réaliser la mienne chez une couturière renommée, et je me souviens combien maman avait poussé papa à ne pas lésiner sur la dépense. La mort de mon frère avait freiné pour un temps sa propension à tout calculer, dépenser le moins possible et nous faire vivre dans un climat d'angoisse perpétuelle concernant l'avenir. Mais là devant le *no future* d'un de ses enfants, il dépensait pour en accorder davantage à un autre des siens.

Il avait pleuré d'émotion quand mon fiancé avait demandé ma main. Aujourd'hui, je me dis que c'était sans doute la seule issue que mes parents envisageaient pour moi. Maman prétend qu'elle aurait demandé que je fasse une école de stylisme, je ne me souviens même pas en avoir évoqué l'idée.

Je n'avais aucune idée de moi, de ce que je désirais.

On ne m'avait pas appris à penser de cette manière, il fallait non pas désirer, mais se tenir droite et courageuse devant les potentielles difficultés qui n'ont jamais manqué de se présenter.

Quand nous avons déménagé, Papa avait recouvré sa santé et était revenu dans notre vie de tous les jours. Avec cette présence quotidienne sont arrivés les cris et les crises. Je lui parlais terriblement mal, je ne supportais pas ses semblants d'autorité alors que des années durant, il avait été défaillant. Son absence avait permis d'inventer un personnage : brillant avocat, joueur de tennis incroyable, voyageur à travers le monde, parfaitement bilingue… de tout cela il n'y avait que le début d'une vérité qu'il a lui-même continué d'alimenter.

Sans aucune idée de moi, ni aucun rêve d'adolescente, il me restait ce que j'avais toujours su imaginer, envisager, ce qui me donnait chaud, m'emportait loin de tout cette obligation de résistance au malheur, tout ce que j'avais toujours lu dans mes livres. Il me restait l'amour.

Ma robe de mariée a été l'uniforme de ma profession.

J'ai adoré mon job. Je l'ai exercé avec passion, je l'aimais car il proposait un cadre dans lequel je n'étais pas obligée de penser à moi, à mon autonomie.

Et puis un jour, j'ai été licenciée.

Finie la bulle de l'innocence dans laquelle nous étions installés, où tout ce qui se passe à l'intérieur reste au plus près de l'autre, les liens de nous à nous se détendaient pour mieux se retendre imposant des rebondissements aériens et ouatés. Pas grave les mots poussés trop loin et trop forts, ils revenaient toujours ceux murmurés doucement. Car il y avait le cadre, la photo de la robe de mariée, le symbole de l'éternité.

Plaquée et licenciée de mon job d'amoureuse, moi qui avais pourtant cru dur comme fer qu'il existait des vêtements sacrés qui protégeaient de l'adversité.

JOURS DE COL ROULÉ NOIR

MAINTIENT LA NUQUE LORSQU'ON voudrait courber la tête.

Possible de le porter sans maquillage aucun.

Beau pour tous les teints.

Vêtement intelligent.

De préférence avec un col à côtes jersey bien serrées.

De même que les poignets.

Pas bien si la maille est lâche, on doit pouvoir compter sur lui.

À part cela, préférable s'il ne dessine aucune forme.

Emmanchures raglan idéales.

À enfiler sans modération aucune.

Alors l'hiver d'après la fin de la robe de mariée,

Les jours de col roulé noir se sont suivis les uns après les autres.

Il n'y avait aucune place pour les vêtements qui veulent s'amuser.

Aucune envie.

C'était bien d'avoir un uniforme du chagrin, un vêtement sur lequel s'appuyer et qui pouvait apporter de la dignité.

Qui ne laissait rien passer. On est plus frileux quand on est malheureux.

Qui rendait le visage tout hâve et accentuait la couleur des cernes.

Qui pouvait rendre un peu service en ne rassurant pas celui qui était parti.

Qui permettait d'écouter en boucle « Femme fatale » du Velvet Underground.

De l'élégance dans la congruence.

Beaucoup de classe, le col roulé noir.

Incontournable.

Le col roulé noir n'appartient pas à tous les temps,

Et il n'est pas de toutes les saisons.

Il n'est pas banal, il se tient tout seul.

Il apporte de la profondeur, une légère gravité.

Certaines années, on l'oublie, puis on le retrouve et on l'enfile de la même manière pour se sentir prise en lui. Aimer ce geste.

Puis un jour rencontrer un garçon qui porte un col roulé noir, être un peu pareils dans le miroir.

Et faire la vie tous les deux.

BOÎTES DE FEUTRES

Les couleurs sont comme des humeurs. Elles donnent le ton, indiquent l'état d'esprit, se dévoilent selon que la lumière choisit de se poser, ou alors se taisent en devenant sourdes, profondes et mystérieuses.

À côté de l'hôtel de ma grand-mère, il y avait un glacier confiseur. C'est là que j'ai commencé à désirer les couleurs en observant les bocaux, les bacs de glaces rangés les uns à côté des autres. Les bonbons à la violette, le bois de rose, les berlingots verts foncés, les guimauves très blanches mais aussi les différents bruns des caramels et les noirs ou gris transparents des réglisses.

Tous ces tons ont constitué ma première palette, celle dans laquelle les couleurs étaient tellement savoureuses qu'elles se sont glissées en moi pour toujours.

Chaque Noël, je recevais une boîte de 30 feutres de la marque Stabilo. J'aimais leur alignement, l'ordre qu'ils figuraient. Tels de jolis soldats avec leurs capuchons comme des chapeaux, ils se tenaient bien droits, s'étendant du jaune au noir.

Pour chaque ton, 3 feutres. 3 jaunes, 3 rouges, 3 roses…

Ce qui m'attirait c'étaient les nuances intermédiaires,

celles qui permettaient de glisser d'une tonalité à l'autre. Souvent moins franches, moins déclarées, elles autorisaient des transitions : l'abricot emportait vers le cerise, le parme vers le bleu, le turquoise vers le vert, l'ocre vers le marron. Chaque groupe de tonalités déclinait en s'étirant jusqu'à la renaissance d'un coloris nouveau.

J'avais toujours un peu de mal à choisir une couleur tant ce qui me plaisait c'était de regarder chaque crayon encadré de part et d'autre de la teinte qui l'annonçait puis de celle qui l'atténuait.

Des années plus tard, mes enfants ont joué au Père Noël et sont venus combler mon désir d'enfant en m'offrant une version de 68 feutres rangés sur deux étages.

Avec mes crayons, j'entretenais un rapport presqu'amoureux. Je pensais que certaines couleurs avaient besoin d'être réconfortées, comme cette nuance entre le rose buvard et le rose tyrien. J'en trouvais d'autres prétentieuses, tel le bleu roi qui me semblait guindé. Puis j'ai découvert que les couleurs ne devaient pas être classiquement fidèles et qu'elles se portaient toujours mieux à trois. J'osais des mariages interdits pour l'époque et m'obstinais quand maman prétendait qu'on ne mariait pas le marine avec le marron. L'union du cardinal au bleu canard et au vert sapin m'enchantait car elle permettait de plonger dans une densité opaque et mystérieusement sacrée.

Un été, nous sommes partis sans papa en Irlande. Là-bas ma boîte de feutres aurait pu servir à colorier les façades des maisons et j'ai ajouté à ma palette de couleurs les gris acier et bleu de cobalt des cieux toujours changeants du Kerry.

La couleur enchante ma vie.

Au fil des années elle y a posé une forme de vérité comme un alignement qui me décrirait dans des dégradés que je souhaiterais tantôt subtils tantôt plus tranchés.

J'ai de l'amour pour les couleurs ratées, celles qui ont passé au soleil me rendent paresseuse et mélancolique. Tout à coup, une couleur qu'on croyait endormie reprend du teint lorsqu'elle est associée à un ton révélateur.

Il y avait eu les glaces et les bonbons, puis les boîtes de crayons, de même qu'il y aurait les *rayonnages* de pelotes de laine ou les *walls of color* de Benetton. Mais je serais restée à côté de l'expression réelle des couleurs, si je n'avais pas expérimenté la teinture Dylon.

J'avais quatorze ans, papa commençait à aller mieux, il travaillait à Paris et maman passait trois jours par semaine avec lui.

Il y avait comme un truc dans l'air, j'avais grandi et c'était le printemps. Notre femme de ménage venait nous garder, sans vraiment nous surveiller puisqu'elle installait chez nous son mari qui buvait trop et s'asseyait dans le fauteuil de papa. Il travaillait aux PTT mais aussi comme peintre en bâtiment. Il avait donc pu m'apporter de quoi réaliser ma première expérience : une salopette en coton blanc bien épais. Maman absente, j'avais alors la machine à laver pour moi toute seule. À la droguerie, j'ai acheté la couleur que je préférais dans les bocaux de bonbons et dans ma boîte de feutres : le rose tyrien dont je découvrirai plus tard qu'il était issu de la pourpre de Tyr, et représentait la quintessence du luxe dans l'Empire romain. J'ai plongé la salopette dans le tambour, y ai versé du gros sel et cette poudre magique, un rouge lavé de blanc. À la fin du programme, j'ai trouvé un vêtement que j'ai adoré, qui m'appartenait car je l'avais transformé. Avec le temps, j'ai appris qu'on pouvait délaver une teinte avec des bains de thé ou en plongeant les tissus dans l'eau de mer et en les laissant sécher au soleil. J'avais un petit carnet dans lequel je notais toutes mes expérimentations et un univers s'est ouvert à moi.

Il me permettait de beaucoup mieux ressentir l'équilibre de ce qui m'entourait. Quand je marchais, j'associais le gris des trottoirs au sang de bœuf des portes cochères et levais les yeux vers des tilleuls un peu jaunes. Tout ce que j'observais était matière à établir de possibles associations de tons, des correspondances qui s'inscrivaient en moi.

J'observais les habitudes de couleurs chez les femmes de ma famille. J'ai pu dès lors commencer à relier l'utilisation de tel ou tel coloris et la personnalité mais aussi l'humeur de l'une ou l'autre. Au départ je ne comprenais pas qu'il y avait un contexte, j'étais très jeune. Ma grand-mère Jeanne portait toujours ses cardigans en lainage délicat posés sur ses épaules, dans une gamme allant du ciel au gris pâle. Le dimanche, quand elle voulait savoir si nous étions allés à la messe ou lorsqu'elle voulait user d'autorité, elle portait de l'anthracite ou du marine. Une de mes tantes au caractère virevoltant passait du jaune au rouge, leur intensité accompagnait sa gaîté. Maman s'émancipait en choisissant de ne pas assortir ses couleurs au bleu de ses yeux. Personne ne portait de noir, et jusqu'à mes seize ans, il n'en a pas été question pour moi.

Ma vie s'est donc tissée au fil des couleurs, et j'ai le souvenir précis de toutes les nuances qui m'ont portée.

COMME DANS UN ROMAN DE COLETTE

Il y a quinze ans, je longeais les stands d'un vide-grenier juste à côté de la maison, quand mon regard a tout de suite été attiré par un tissu qui dépassait d'un carton. De larges rayures bordeaux sur fond blanc crème habillaient une étoffe assez épaisse et mate, presque comme un tissu d'ameublement. Il pleuvait, un petit crachin persistant me poussait à m'éloigner mais cela a été plus fort que moi, je me suis approchée et j'ai tiré le tissu à rayures du carton. Une robe en est sortie, avec son col officier, ses manches gigots resserrées aux poignets par un effet de rayures inverse, de tout petits boutons bordeaux qui partaient du haut du corsage à la taille puis un jupon taillé dans le biais et qui donnait un effet parasol aux rayés bayadères. Une robe toute droite venue d'un roman de Colette avec les airs mutins et capricieux de Gigi ou encore d'un film avec Deborah Kerr.

Le stand était tenu par un couple de quinquagénaires. Ils avaient d'autres pièces mais il pleuvait tellement que j'ai décidé d'acheter la robe sans même l'essayer et, gentiment, le monsieur a pris mon adresse pour venir me déposer d'autres choses susceptibles de m'intéresser.

En rentrant, je me suis immédiatement glissée dans la robe et, un à un, j'ai fermé les tout petits boutons de la taille au col officier, remonté la fermeture à glissière qui partait de la hanche aux creux de l'aisselle, j'ai touché le tissu, un drap un peu épais qui corsetait l'allure, j'ai fermé les yeux et j'ai commencé à tourner et tourner pour la ressentir, pour me glisser dans ses dimensions qui embrassaient les miennes, mais aussi dans tout son imaginaire. C'était une robe pour aller aux courses un jour de printemps.

Quelques jours plus tard, le monsieur m'a téléphoné et nous avons pris rendez-vous à la maison. Il a sonné et quand j'ai ouvert, j'ai vu qu'il était troublé. Il m'avait apporté d'autres pièces : des chaussures, une veste, mais rien de comparable à cette robe. C'était tous les vêtements de sa mère et la raison de son trouble venait du fait que dans les années cinquante, elle avait habité cet appartement, là même où j'habitais. Cette femme avait été mannequin cabine, à une époque où le prêt-à-porter n'existait pas encore et où chaque dimension prenait sa place minutieusement pour accompagner une tournure et donner de l'effet.

Ce qui est intéressant dans les vêtements déjà portés, c'est la transformation, la mise à l'air du temps qui chaque fois est à réinventer. J'ai raffolé de ces robes que je portais l'espace d'une soirée, recomposées pour la magie d'un regard, qui avaient connu d'autres peaux, d'autres bras, d'autres tempos. Le côté « je me déguise » pour opérer des mutations, oser des décompositions, désassortir, marier l'improbable. Il me semble alors que cela doit rester le propre de la très grande jeunesse que de savoir opérer ces transformations, mais qu'après un certain âge il y a un risque de fossilisation, tant il faut du grand art et de la grande légèreté pour savoir porter de la seconde main en jouant les oppositions, les décalés. Les secondes mains ne doivent vivre que dans la réinterprétation, la re-création.

Bernanos évoque une fièvre que seule la jeunesse possède pour maintenir le reste du monde à température normale et, à mes yeux, c'est de cette chaleur dont ont besoin les vêtements pour renaître à une seconde vie.

Le style se dessine et s'adapte au fil du temps, il ne s'agit pas de regretter ce que l'on ne pourrait plus porter pour cause de kilos ou de jeunesse qui s'enfuit. Choisir ses vêtements, c'est avant tout composer une partition qui évoluera au fil des rencontres. C'est composer dans la fidélité de sa propre architecture intérieure. À quoi reste-t-on attaché ? Qu'est ce qui continue de nous faire vibrer ? Que dit le miroir ? Qu'allons-nous choisir de dévoiler ou nous retenir de montrer ? Quand décider d'être tout d'un coup flamboyante, comme revenue d'un temps où l'on nous avait crues endormies pour toujours ? Comment cette « apparure » dont parle Henri Raynal, et qui consacre le vêtement féminin, réussit à tisser des liens entre le corps et une matière dans laquelle l'intimité a tout à voir ?

À l'époque de la robe à rayures bordeaux, je ne savais pas grand-chose de tout cela. Je n'avais pas encore commencé à habiller d'autres corps que le mien. Un jour, j'ai poussé la porte d'un dépôt vente tenu par une femme fantasque dans lequel j'allais souvent dénicher des inspirations, à une époque où le vintage n'était pas marketé et où il était encore possible de faire des trouvailles à des prix très amusants. Une grosse valise se tenait aux pieds d'une jeune femme qui avait des airs fragiles, serrée dans un petit imper qui sentait la modestie. À l'intérieur se trouvait une bonne partie des vêtements de sa grand-mère qui avait été la femme d'un notaire en vue à Vichy dans les années soixante. Elle faisait faire tous ses vêtements, dont un fantastique manteau en poil de chameau au col un peu trop grand que je portais à ma joue pour en éprouver la douceur. Il y avait également des robes de cocktails, certaines en soie sans manche à gros pois longueur genou, d'autres avec des airs de danseuses russes, avec des hauts noirs manches trois-quarts en Lurex assortis à des jupes en maille, comme des cotes qui se tenaient droites et s'ouvraient comme des corolles. Tous ces trésors derrière lesquels se tenait l'imagination d'une femme conseillée par sa couturière. Cette fois-ci, j'étais tellement émue que j'ai acheté presque toute la garde-robe, m'autorisant à laisser rentrer chez moi ces vêtements derrière lesquels se tenait une femme. Ce qui me troublait c'était que je pouvais y glisser mon corps comme dans un gant et que je pouvais ressentir la vie qu'il y avait derrière chaque pièce ; pour quelle occasion, partie de campagne ou autres représentations, elle avait été conçue.

Ces rencontres avec ces femmes, dont les vêtements avaient croisé ma route par hasard, ont été déterminantes dans ma façon d'envisager le style. À fleur de peau, les vêtements tissent les fils de nos vies.

GOSSYPIUM BARBADENSE

Refermer la porte.

Après avoir glissé dans des draps, s'y être enroulés, les avoir froissés, se lever et enfiler sa chemise, comme un prolongement de sa peau. Continuer à me perdre dans lui, respirer son odeur, habiller ma pudeur.

Avec cette étoffe, ça a été ma toute première fois et le début d'une longue histoire d'amour qui dure encore aujourd'hui.

Parce qu'elle était trop grande et que son tombé n'avait rien de calculé, pour le son du coton, d'une popeline un peu lourde qui bruissait à chaque mouvement et pour le décalé qu'elle impliquait.

En *Gossypium barbadense*, Pima péruvien, Giza égyptien, ces noms de cotons aux consonances si poétiques, elle est devenue la rencontre du tissu qui épouse la peau jusqu'à former une identité. Par sa douceur, elle est la poursuite de la caresse échangée.

Aller jusqu'à imiter ses gestes en retroussant ses manches pour découvrir l'avant-bras, le poignet qui mènent à la main. Ce geste qui dit la maîtrise d'une situation, le moment où les choses commencent à se poser avec moins de sérieux, plus de confort et dénoue la tension.

La nouer sur ses hanches pour tenter de la mettre à sa mesure. Se déguiser en lui.

Puis devoir se rhabiller, rendre la chemise, et avoir à laisser derrière soi la forme du corps qu'elle habillait, ses bras, ses épaules, son torse. Désirer que ce temps revienne.

Lorsque la nuit je devais me relever pour nourrir nos enfants, je l'attrapais et me glissais dedans. Sa grandeur me réchauffait et me rassurait. Cela me donnait la sensation que nous étions tous les deux à veiller sur notre bébé. Elle accompagnait notre quotidien, j'aimais ses rayures fines qui disaient l'ordre établi. Le bleu ciel était sa meilleure déclinaison, tant il savait relever nos teints même les plus brouillés. Le temps passait, l'hiver apportait des carreaux écossais dont la flanelle, si souvent lavée, avait fini par devenir aussi douce qu'une Gwalen veloutine.

Puis lorsqu'il est parti, je suis allée m'entourer dedans pour regagner ses bras. Elle m'a tellement aidée quand on s'est retrouvé seuls les enfants et moi, j'avais l'impression qu'elle me donnait de la force comme si on continuait à faire les choses à deux.

Après j'ai eu envie d'en faire un repère, un geste évident, un réflexe. Qu'elle soit toujours là à m'attendre quelles que soient les situations, les saisons et les maisons.

Alors j'ai diminué ses dimensions et l'ai taillée à ma mesure. Tout en lui laissant pas mal d'aisance, un côté oversize pour rester dans le souvenir de l'amour.

Et grâce à elle, paradoxalement, j'ai pu me glisser dans une féminité que je ressentais comme plus affirmée.

Elle traverse le temps et les âges, comme un uniforme de luminosité avec un côté bien élevé qui lui confère la meilleure place pour produire une bonne première impression. Je l'aime en toutes saisons, l'hiver quand je la fais dépasser d'un gros pull, avec ses poignets un peu longs qui se détachent, l'été pour ses voiles qui font comme des tableaux sur le bleu du ciel. Elle serait l'unique vêtement que j'emporterais sur une île déserte.

VASSILI ET VASSILIKI

Dans une rue du Xe arrondissement, se trouvait la boutique de Vassili et Vassiliki.

Un couple de tailleurs grecs aux doigts d'or qui pendant dix ans a façonné les tissus que j'achetais et dans lesquels ils taillaient les pièces uniques que j'avais imaginées. Ils m'ont aidée à décliner un style qui me permettait d'être au rendez-vous de mes clients, sans trop me démarquer tout en étant « au service de ».

Visible et invisible.

Je tirais la porte, je sortais mes tissus de sacs pleins à ras bord, les tailleurs étaient souvent débordés et j'aimais écouter leurs mots grecs dont j'avais l'impression que certains allaient jusqu'à être brodés dans la trame des manteaux, jupes et blouses qu'ils confectionnaient. Ils me proposaient toujours un café horriblement fort, que je ne pouvais refuser, mais que j'avais beaucoup de mal à avaler. Je m'asseyais dans le petit canapé surchargé d'étoffes à côté du mannequin de couture. Il s'agissait de négocier le délai de réalisation et ils terminaient toujours en me disant : on vous appellera. Cela m'ennuyait car je savais que ce que j'avais en tête mettrait beaucoup de temps à être finalisé. J'avais imaginé fébrilement des combinaisons différentes, des jupes à rayures taillées dans le sens inverse devant et derrière, des manches de blousons de couleurs opposées, une soie à pois taillée dans le biais, et je ressentais une immense frustration à ce que cela n'aille pas aussi vite que je l'espérais. Souvent je les relançais, et au téléphone ils me répétaient avec leur accent chantant : « on vous appellera ».

Enfin arrivait le jour de l'essayage, j'avais toujours un peu peur d'être déçue. Parfois avant d'entrer, depuis la rue j'apercevais sur le mannequin le blazer ou manteau qu'ils avaient réalisés pour moi. Cela me disait combien ils étaient satisfaits du résultat et augurait du plaisir que je ressentirai en me glissant dans ses formes. Je passais en cabine puis devais monter sur un petit podium face au miroir afin qu'ils puissent juger de l'effet et mettre les aiguilles aux endroits qui auraient besoin de retouches.

Sur le mur il y avait une carte de la Grèce. Vassiliki me montrait l'endroit de son village dont elle prononçait le nom avec une langueur presque amoureuse. Penchés à mes pieds, ils étaient rarement d'accord et haussaient le ton en s'invectivant en grec sans que je puisse comprendre quoique ce soit. Vassili avait souvent ajouté quelques centimètres de trop, jugeant toujours que j'avais dû prendre des hanches, il ne voulait se fier qu'à son centimètre, le seul à pouvoir donner la bonne mesure. Sa femme faisait plus confiance à la matière, à la façon dont elle tomberait sur le corps et ce qu'on pouvait en faire. Ils connaissaient les architectures et possédaient des avis tranchés sur ce qu'on pouvait faire ou ne pas faire avec ses proportions. Ils aimaient la qualité et touchaient les tissus avec grâce. Même si je n'en faisais qu'à ma tête, ils m'apprenaient le bon rapport entre la forme et la matière. Tout était comme un petit spectacle dans lequel comme dans un conte, les vêtements prenaient vie.

Les clients rentraient et sortaient, déposaient leurs habits, et faisaient leurs commentaires sur l'essayage en cours. C'était une clientèle de quartier, la plupart venaient pour des retouches, un jean raccourci, une robe transformée, une fermeture Éclair changée, de petits travaux qui raccommodaient passé et futur proche. Il fallait du doigté et de la modestie pour accueillir, conseiller et souvent consolider la précarité. Étudiants, mères de famille, artistes s'arrêtaient pour parler, ils étaient toujours accueillis avec un mélange de rudesse et de tendresse. J'adorais observer ce ballet. Je me souviens d'une directrice de théâtre à la gorge puissante qui, elle aussi, se faisait confectionner des modèles, pour les porter des soirs de premières et dont elle ferait plus tard tout le récit en détail. Derrière le comptoir, il y avait des pièces qui attendaient d'être récupérées, certaines oubliées à jamais. Il y avait ce manteau façon veste d'intérieur au col châle en cachemire beige qui me faisait très envie. Je ne pouvais m'empêcher de faire remarquer : mais personne n'est-il venu le chercher ? Comment peut-on l'oublier ? Sa propriétaire a-t-elle disparu ? Personne n'est jamais venu et quand il a su qu'il allait vendre la boutique, Vassili m'a proposé de le racheter, ce que j'ai refusé car il portait trop le poids de l'abandon : toutes ces années passées derrière un comptoir à attendre, quelle tristesse… Je connaissais vaguement sa propriétaire, puisque c'était elle qui m'avait indiqué cette adresse, en me recommandant le silence le plus absolu, tant il était quasiment impossible de trouver à Paris et en France, des tailleurs ou couturières.

Ce qui était merveilleux dans cet atelier, c'était d'assister à ce qui prenait vie, un patron, une toile, un modèle unique taillés au plus près de chaque mouvement, comme une autre peau qui se serait glissée dans et sur la chair pour lui répondre avec magie. On apprend à se connaître, on développe une fidélité à des formes, une régularité dans l'image qui permet la reconnaissance dans le sens du souvenir immanent. Et surtout on est au plus près d'artisans merveilleux, on assiste grâce à eux au « voir faire ».

Des personnes comme Vassili et Vassiliki sont indispensables, car leur savoir est non seulement un travail identitaire, mais aussi un rapport au temps qui parle d'une façon différente de consommer les vêtements.

Ils me manquent beaucoup. Ils pratiquaient ensemble leur métier aux doigts d'or avec amour et patience, femme et homme autour du même fil.

Il y a une histoire qui raconte que sur une île en plein milieu du lac Titicaca, ce sont les hommes qui tricotent. Pour trouver l'amour, un jeu est organisé lors de la fête du Soleil : toutes les jeunes filles courent après les garçons. Ceux-ci ont enfilé le bonnet que chacun a tricoté pour l'occasion. Chaque fille s'empare du bonnet désiré, tel un vase elle le retourne et y verse de l'eau. Si elle ne passe pas à travers les mailles, c'est le gage d'un travail resserré et appliqué et donc de sérieux.

Elle décidera d'épouser le garçon…

ESPADRILLES LACÉES

Grâce à une paire de sandales lacées, j'ai rencontré un garçon que j'ai follement aimé.

Avec elles, j'ai appris combien les chaussures pouvaient être romanesques et qu'elles pouvaient véritablement vous porter vers l'amour.

À onze ans, j'avais eu ma première paire d'espadrilles. Elles étaient bleu de France, je rêvais de faire tenir les brides le plus haut possible le long de ma jambe, pour lui donner des effets de quadrillage. Je remontais le boulevard pour aller à l'école et chaque pas faisait petit à petit glisser les lacets qui retombaient tristement autour de mes chevilles. Je me baissais et je recommençais patiemment le laçage. Il y avait l'odeur des lilas, la joie de porter une robe d'été dans le matin un peu trop frais, les garçons qui passaient dans le sens inverse vers leur collège. Je me souviens de la timidité, de l'émoi que je dissimulais penchée sur mes chaussures. Je jouais encore à la poupée, les garçons m'effrayaient et me fascinaient.

À trente-sept ans, finalement rien n'avait beaucoup changé sinon que j'étais penchée sur une paire de sandales à talons marron glacé dont le laçage glissait tout le temps. Jusque-là je n'avais que très peu porté de talons.

Un soir dans un club du boulevard de Strasbourg, presque à mes pieds, un garçon me disait tout à coup qu'il adorait mes sandales, en montrant un intérêt que je trouvais drôle et séduisant. Il y avait de la musique, et c'est parti comme ça.

Ce qui est merveilleux dans le début d'une histoire d'amour, c'est qu'on dirait que comme dans un conte, les vêtements viennent se poser tout seuls sur votre silhouette.

Cette paire de talons m'a emportée loin de moi et m'a fait trouver une nouvelle démarche. Sans savoir où j'allais, je le faisais différemment. Je glissais mes pas dans des attitudes plus féminines mais aussi plus enfantines, comme une résurgence de cette époque où je m'étais penchée sur une paire d'espadrilles bleu de France. Cela autorisait la légèreté, j'aimais l'idée que des chaussures pouvaient avancer pour moi vers des visages nouveaux ou au contraire qu'elles tourneraient le dos à tout ce qui n'était pas espiègle et délicieux.

L'exercice des talons est un jeu, une rythmique dans laquelle il faut rentrer pour marcher au son d'un tempo plus cadencé car plus calculé, et dans lequel le déhanchement permettra souvent l'équilibre. Les premières fois il demande une assurance feinte qui entraîne alors le déroulé des pas les uns après les autres. De la même façon qu'il ne faut pas avoir le corps penché en avant telle une girafe qui tendrait son cou vers des branchages, il ne faut pas davantage laisser son buste partir trop en arrière avec les bras un peu ballants. Il y a des talons pour chaque forme de mollet et savoir les associer autorise une politesse tant pour sa silhouette que pour son entourage. Attention aux talons trop hauts pour un mollet pas assez long.

C'est la forme du talon qui donne le ton de l'attitude à porter.

Les compensées sont compliquées, la plupart des hommes ne les apprécient pas Elles s'accordent mieux aux mollets un peu forts. Toujours cette idée de cet accord entre poids du mollet et celui du talon. Le talon doit faire corps avec les volumes des jambes, des hanches et des épaules.

Plus tard, j'aimerais un homme qui ne supportait pas les talons hauts en les trouvant toujours un peu vulgaires.

Il n'aimait que les pieds plats, ce qui suppose une forme de naturel dans l'apparence et pas la même sophistication. Les enjambées peuvent être plus assurées, plus déterminées, il n'y a pas l'exercice du pied à déposer, cette toute petite peur du manque d'équilibre.

Le jeu n'est pas le même.

Depuis quelques années, les placards des femmes ont évolué. Là où avant on trouvait des avalanches d'escarpins, de bottes avec des talons avoisinant les dix centimètres, il y a aujourd'hui pléthore de sneakers, low boots, tropéziennes et mocassins. Les femmes ne marchent plus de la même manière et c'est tant mieux. La chaussure plate a envahi les trottoirs. Au Japon, le front de libération du pied a été relancé en réponse aux nombreux abus des secteurs professionnels qui imposaient les talons. Et donc une certaine vision de la femme.

Le confort du pied s'impose presque politiquement. Cependant ma tendresse à l'égard des talons reste très grande tant ils m'ont souvent permis de me sentir à la hauteur, d'autoriser ma transformation en une femme pour laquelle jusque-là, je n'avais eu aucune ambition.

Et avec le temps j'ai découvert qu'un homme qui n'aimait pas un peu les talons n'était pas tout à fait charmant.

DES BOOTS ZIGGY STARDUST

J'ai sept ans, c'est le soir de Noël. Nous rentrons de la messe de minuit avec nos grands-parents et nos parents. Sous le porche est allongé un garçon avec les cheveux longs, un blouson de cuir noir et court, un pantalon à pattes d'éléphant et des boots à plateforme vert foncé très brillantes. Il fait froid, je pense qu'il est endormi, mon père le secoue doucement pour le réveiller. Il a du mal à ouvrir les yeux, il me semble être dans un autre monde. Papa lui propose de monter à la maison pour se réchauffer. J'observe tout cela avec crainte, il me fait peur avec son visage d'enfant étrange aux cheveux gras. Il finit par se relever avec difficulté, refuse de venir à la maison et nous le voyons s'éloigner dans la rue, vacillant sur ses chaussures à talons.

Deux jours plus tard, je surprends une conversation entre ma grand-mère et maman. Elles ont lu dans le journal qu'un jeune garçon avait été retrouvé dans la rue la nuit de Noël, mort d'une overdose. Je ne sais pas ce qu'est la drogue, j'écoute tout ce qu'elles disent et je comprends à l'intonation de leurs voix que c'est mal. Et je suis triste. Pendant longtemps, à chaque Noël, je repenserai à ces boots, à la solitude du garçon qui marchait en chancelant dans le froid. Et à nous qui étions remontés réveillonner en le laissant derrière nous.

La mémoire de certains vêtements ne s'efface jamais et reste diffuse pour s'imprégner dans d'autres vêtements. En 1971, nos parents commençaient eux aussi à porter des pantalons pattes d'eph, je me souviens que je trouvais cela amusant comme si nous avions été dans un film où tout le monde était déguisé toute la journée et que toute cette explosion de couleurs, d'imprimés floraux et graphiques ne pouvait durer longtemps. Comme si tout s'était fait brusquement, sans transition dans les formes et attitudes. Cela paraissait tellement éloigné de la sécurité qu'avaient représenté les années précédentes où les matières et les couleurs s'étaient tenues plus sages et moins fortes. Trente ans après ce soir de Noël, j'ai de nouveau porté un pantalon comme cela. J'ai enfilé mon corps dans la réplique de ceux que ma mère portait. C'était une époque où tout mon univers s'écroulait violemment et je me suis pourtant glissée dans des vêtements qui ressemblaient beaucoup à ceux qui m'avaient effrayée.

Ces vêtements n'avaient pas le même poids de contestation que dans les années soixante-dix. C'était juste une mode qui revenait. Mais ces formes identiques m'ont aidée à faire des choix de vie différents de ceux qui semblaient avoir été tracés pour moi.

Certains vêtements ne servent qu'à affirmer notre propre loi. Ils se posent et ne demandent pas à être aimés, ni compris. Le plus souvent, ils se font remarquer, ne transigent avec personne et font émerger le fond de la personnalité. L'adolescence est leur terrain de jeu, mais les crises existentielles les imposent parfois encore plus violemment, car il n'est plus question de perdre de temps. Ils s'affichent comme des emblèmes, des preuves incontestables du lien entre profondeur et apparence.

FUIR LE LISERÉ CUIR

À TOUTES JAMBES JE FUYAIS.

Plus je courais plus la rumeur enflait. Elle disait que j'étais folle, que je passais à côté de mon bonheur, que mes lubies de fille superficielle allaient me coûter cher, que je finirais seule et que voilà, je l'aurais bien mérité après tout.

Je fuyais quoi ?

Une paire de mocassins avec un liseré cuir.

Il pouvait arriver que le matin en les apercevant depuis le lit, je ressente une très forte gêne, voire un dégoût. Ce liseré cuir pris dans le daim de la chaussure me donnait l'impression d'une mue qui n'arrivait pas à se faire. Têtu et persistant à s'imposer malgré mes regards désapprobateurs dardés sur lui. Comme la boursoufflure d'un ego qui prétendrait écouter ce que vous avez à dire tout en continuant à n'en faire qu'à sa tête.

Il y avait ce que l'on me disait à propos de cet homme, toutes les qualités qu'il revêtait et dont j'avais conscience, mais aussi l'avenir que je pourrais connaître avec lui. Il y avait ce qu'il disait de lui comme l'absence d'intérêt qu'il prétendait avoir pour son look, l'esprit placé bien plus haut que ces colifichets et toutes ces babioles de la matière.

Et puis il y avait ce liseré qui se flattait d'être là, signe d'un choix dans lequel il y avait eu tout de même le désir d'un raffinement voire d'une distinction. Comme un caprice de courtisane pour attirer les regards.

Les deux ne s'accordaient pas.

J'avais essayé de passer outre, de n'y prendre plus garde. Il faut beaucoup de finesse pour dire que non seulement ce n'est pas de notre convenance, mais surtout et avant tout que cela ne s'accorde pas dans le décor et qu'il faut de la cohérence entre personnalité et superficialité. Que le rôle des vêtements est justement d'assurer ce lien. L'exception que voulait figurer cet homme ne se retrouvait pas dans le choix de ce mocassin à liseré. Il y avait réellement chez lui une recherche d'ailleurs étrangers et sublimés, le rêve de profondeurs abyssales. Je pensais qu'il méritait de chausser des bottes d'aventuriers au cuir résistant et tanné. J'aurais aimé qu'il puisse plonger dans la beauté d'un cuir, son grain atypique, son odeur singulière parfois tourbée, pour goûter l'authenticité à laquelle il disait aspirer.

Le manque d'adéquation entre son discours et le choix qu'il avait fait était une façon d'expliquer le rejet que j'éprouvais.

J'avais tenté d'ignorer une lecture qui me semblait réductrice. En m'obligeant à essayer de comprendre pourquoi je réagissais comme cela, je réalisais que c'était la première fois que j'osais accorder de l'attention à ce ressenti, à cette façon d'établir des correspondances entre matière et traits de caractère.

Nos choix parlent de nos désirs ensevelis, de ce rêve de nous qui est toujours à mettre en place, de cette soif que nous avons tous d'être compris, chéris et inoubliables. Alors par morceau, doucement et lentement, j'ai appris à être à l'écoute de mes sensations, comme des résonances d'autres temps avec d'autres gens. Je comprenais qu'il était possible de faire des liens entre ressentis passés et des formes actuelles. Une manche pagode qui enfant m'avait stupéfiée me renvoyait très précisément à la raison pour laquelle une femme n'arrivait pas à s'imposer sans brutalité. J'allais puiser dans un disque dur, celui de l'enfant timide et observatrice que j'avais été dans une famille et à une époque où « l'habit ne fait pas le moine » se déclarait dans un mélange de bonne conscience et de hauteur de vue – lorsqu'en général on pensait exactement le contraire. Plus tard, adolescente, j'avais découvert que derrière les blouses d'école de certaines élèves poussiéreuses se nichait la plus grande des originalités mais aussi appris combien cela était rare et précieux. Quel que soit le détail, il dit au contraire ce que nous pouvons ou ce qui nous limite. Plus tard, en partageant mon expérience, je recueillais des confidences, trou dans la chaussette, motif de caleçon ou de cravate qui parlaient toutes de ces points sur le nez qu'évoque Barthes, premières impressions qu'on préférerait occulter, mais qui fixent l'opinion qu'on peut avoir en rencontrant quelqu'un. Ni bien ni mal, ce n'est pas plus de goût ni de mode dont il s'agit, mais bien de l'instinct que nous possédons pour être à l'écoute de notre univers intime.

UNIFORMES

Chaque été, il y avait le défilé du 14 Juillet. Mes frères et moi regardions en gloussant défiler les majorettes. J'étais fascinée par le maniement de leurs baguettes, la cadence de leurs pas dans leurs bottes vernies, un bataillon de poupées qui s'animait sous nos yeux pendant que nous mangions des pommes d'amour. En deux secondes, malgré leurs habits identiques, nous avions repéré les traits physiques qui les séparaient parfois cruellement.

À la même époque, je partais chaque matin à l'école avec ma blouse dans mon cartable. Il y avait une semaine pour la bleue et une autre assez ingrate pour la blouse couleur moutarde. En Nylon, l'une comme l'autre donnait une mine épouvantable. Plus tard, il y aurait les blouses blanches des cours de chimie, que j'aimais porter très grandes comme un pardessus et à l'intérieur desquelles je dessinais au bic violet, des cœurs et des rockers. Dès le plus jeune âge, avoir à porter la blouse chaque jour était vécu comme une contrainte et permettait de cultiver un esprit qui unissait la plupart des filles de ma classe.

Cette tenue identique nous autorisait à faire front. On nous répétait que c'était pour ne pas nous salir, pour nous mettre toutes sur un pied d'égalité. On savait pourtant très bien repérer les différences, même les plus ténues comme les chaussures entretenues ou pas, les ourlets défaits, les cheveux lustrés, les rubans au bout des tresses…

Il y a quelques jours, je me suis trouvée par hasard invitée à un mess d'officiers. Il y avait quelques femmes et j'ai ressenti la même chose qu'en regardant les majorettes : une tenue identique accentue les différences au lieu de les lisser. Et puis au fur et à mesure, je me suis retrouvée plongée dans l'atmosphère de mes années d'école. Chacune arborait différemment sa tenue, non en cherchant à y ajouter un détail mais au contraire en vivant pleinement sa fonction, ce qui permettait de se l'approprier totalement. En acceptant la perte de l'artifice et en s'en remettant à la régularité d'un port au service d'un métier, elles paraissaient faire pleinement corps avec leurs personnalités. Puisqu'il y avait une forme commune à toutes, on pouvait l'oublier et s'attacher directement à telle ou telle manière de croiser les bras assez haut sur la poitrine, à la manière d'une petite dame frileuse qui cherche à se réchauffer toute seule, ou encore de tirer la manche de son pull systématiquement sur le poignet pour ne pas découvrir la montre que l'on porte et signer une attitude toute en discrétion, de desserrer légèrement le nœud de sa cravate pour s'accorder des pauses : tous ces gestes qui donnent vie à la matière et nous font habiter les formes. Certaines attitudes me rappelaient mes années de blouse d'école. Ce n'est pas l'uniforme que j'avais aimé mais bien la façon dont il me liait à des filles auxquelles je n'aurais porté que très peu d'attention dans le « civil ». Car je me serais très certainement limitée à ce qui m'attirait et brillait.

Nous étions toutes pareilles et si dissemblables. L'habit ne racontait pas tout d'entrée de jeu. Je me souviens d'une élève passionnée de jeu de go, qui passait ses nuits à travailler ses stratégies et dont les manches de la blouse étaient quadrillées de petits points noirs comme pour représenter un go-ban. Sous l'uniforme, c'était un vrai garçon manqué, ses cheveux toujours en pétard n'étaient jamais coiffés. Elle était pleine de génie et la blouse la protégeait de nos regards qui se seraient arrêtés trop longtemps sur le manque de soin de ses pulls, souvent troués, et l'aurait desservie.

Rien à dire, nos vies en blouses nous soudaient.

Et puis il y avait le moment où nous pouvions les retirer : libération absolue quand la cloche sonnait, qu'on se précipitait vers la porte en la déboutonnant en courant pour aller retrouver les garçons qui nous attendaient à la sortie.

Chaque jour, avec ou sans blouse, nos formes avaient deux vies. Le week-end et les vacances rythmaient d'autres temps pendant lesquels nous grandissions et tentions de nouveaux styles. Sans doute un peu à cause de l'uniforme, mon imagination s'était envolée et je rêvais aux tenues que je porterai quand je serai libre, débarrassée du diktat imposé par l'école ou mes parents. Pour chaque vêtement enfilé après l'uniforme, il y avait l'impression de redevenir soi, de se trouver ou se retrouver.

Aux puces, avec des amies nous achetions des parkas de l'armée, des blousons d'aviateur, des combinaisons de mécanicien et plus tard chez un antiquaire je dénicherai un fabuleux uniforme d'hôtesse de l'air des années cinquante. Je me glissais dessous, rentrais un peu dans leurs vies, m'amusais à les détourner. Car lorsqu'il y a un cadre, une norme, il y a aussi la possibilité de prendre la fuite, sentir le rebond de sa liberté et créer son unicité.

TROIS CHEMISES ET DEUX SHORTS

Partir

Aux aurores quitter la maison et prendre un avion. Laisser derrière soi le rideau d'habitudes, la fatigue extrême des derniers moments, le temps précipité dans lequel on a coché des listes d'objets, d'actions pour refermer la porte l'esprit tranquille.

À l'arrivée, retrouver l'odeur indescriptible, la même respirée par toute la famille sans réussir à mettre de mots sur son sillage. Se sentir ailleurs et pourtant chez soi. Regarder les enfants endormis sur la banquette du taxi, les mines un peu pâles. Surtout ne pas parler pour rester sur le fil du temps suspendu entre deux lieux. Au détour d'une ruelle la mer apparaît comme vue à travers une fenêtre, posée-là qui nous attendait.

Réveiller les endormis et de la voiture s'extirper tout engourdis avec les yeux qui clignent sous le soleil montant. Pousser la porte de la maison, grimper l'escalier qui sent la pierre froide, un étage, y abandonner les bagages, deux étages et déboucher tout en haut sur le toit terrasse, panorama vers d'autres cieux radieux. Laisser les uns et les autres s'installer, leurs bruits qui montent et descendent, trouver sa chambre blanche et s'écrouler sur le lit, sous le ventilateur.

Quarante-cinq étés recommencés ici depuis l'âge de treize ans, sous le soleil infini.

Des valises et valises préparées pour parer à toute éventualité, rêver de rencontres, prévoir d'aller courir, sortir jusqu'au petit matin ou anticiper des nuages qui ne viendraient jamais. Des kilos et kilos d'accessoires qui rendaient les bagages sans roulettes impossibles à porter, dans lesquels beaucoup de vêtements demeuraient souvent sans jamais en avoir été sortis. Puis un jour choisir de voyager avec légèreté.

Chaque été me retrouvait sur cette terre d'Atlantique, où rien n'avait beaucoup changé depuis 1977. Je savais ce qui me tenait à ces bras de dunes entre mer et lagune, les heures que je passais dans l'eau, les longues marches dans le sable, les livres lus à l'abri du vent en mangeant des *bolinhas*, le bateau surnommé « Mort sur le Nil » que nous prenions au milieu des gens des montagnes, qui étaient descendus pour rallier les îles. Mais aussi les retours de plage à l'heure où le soleil tombe dans la mer, la douche sur le toit, le restaurant sur le port où nous allions dîner presque tous les soirs, les enfants en pyjama que nous observions courir les uns après les autres. Dans cette répétition se trouvait le doux, le ronronnant, le chant enfantin de l'éphémère durable. Une semaine où j'étais partie seule avec eux, je me suis amusée à ne porter qu'un modèle de robe, blanche le jour, noire le soir, les deux en éponge. Cette simplicité me ravissait, elle éludait tout choix et me donnait l'impression de me fondre dans la lumière. Cela me rappelait les vacances, lorsque j'étais enfant, et qu'à peine levée j'enfilais les mêmes vêtements retirés en me couchant pour filer jouer, sans perdre un instant.

Certains endroits magiques méritent qu'on sacrifie au rituel du minimalisme afin de se fondre dans la ritournelle des jours, le soleil pour unique éclairage et reflet de nos facettes ludiques et authentiques.

Fin juillet, trois chemises et deux shorts m'attendent dans un petit sac, pliés à côté d'un maillot. Je marche légèrement dans les couloirs de l'aéroport, je suis déjà dans l'air qui m'attend. Chaque soir et chaque matin, je frotte chemise du jour et chemise du soir avec un savon à la lavande et je les suspends bien tendues sur un cintre. Elles sèchent à la douceur de la nuit et à la chaleur du jour.

En se balançant au gré du vent, elles m'évoquent une certaine liberté.

HABITS NEUFS

Quand j'étais petite, on m'achetait une paire de souliers d'hiver et au printemps une paire de sandales blanches en cuir qui avaient toujours ma préférence. J'aimais le bruit qu'elles faisaient, un bruit plus claquant, plus vif, la semelle en cuir me faisait un peu déraper au début. Elles me donnaient la légèreté pour très exactement rebondir au bon moment lorsque je sautais à l'élastique en m'exerçant à passer toujours plus haut. Dans le magasin, on m'avait donné un ballon et même si j'étais un peu trop grande, j'aimais continuer à faire l'enfant qui acceptait les bonbons offerts par la vendeuse tout en cherchant à en prendre le plus possible pour m'en remplir les poches ; sur le chemin du retour, mes frères crevaient le ballon sinon il y avait des cris puis des pleurs parce que quelqu'un l'avait laissé s'envoler. Il y avait comme la petite fièvre de l'achat, l'excitation des courses avec maman, tout ce neuf qui disait qu'on avait grandi.

Chaque saison tournait une page, les habits devenus trop petits étaient remplacés par des neufs tant nos corps qui avaient poussé rendaient cela obligatoire. Il fallait donc répondre à un besoin et non juste satisfaire une envie. Les courses se faisaient deux fois par an : en septembre avant la rentrée des classes et souvent juste avant les vacances de Pâques quand maman avait ressorti nos affaires d'été, nous les avait essayées et constaté qu'il fallait les renouveler.

Le début des années 2000 m'avait entraînée dans des achats de forcenée, tant l'émergence des enseignes de la *fast fashion* qui fleurissaient à chaque coin de rue m'avait conduite à acheter en m'imaginant sans cesse nouvelle, en pensant que j'allais toujours pouvoir compléter une silhouette idéale où le cheap rejoindrait le chic.

Il y avait une ivresse de tous ces prix accessibles, ces 39 euros 99 qui feraient une soirée, sauraient se marier à une paire de bottes chinées et accentueraient le sentiment d'une vie rapide dont on peut jeter certains instants encombrants.

Opération : une robe-une rencontre, un dîner, etc.

Il n'y avait rien de commun avec la découverte que j'avais pu faire dès l'âge de quatorze ans où j'avais plongé dans l'univers du linge ancien, des friperies, des marchés aux puces, tout l'univers de la seconde main qui poussait à recomposer un présent plus joueur comme théâtral ou cinématographique. Les trouvailles sortaient de malles anciennes et se transformaient en trésor. Il fallait parfois recoudre, retaper, laver à grande eau mais surtout cela demandait une énergie, celle des chineurs qui ont le goût du temps passé au hasard des étoffes et qui souhaitent faire revivre un vêtement.

Lorsque je suis devenue *personal shopper*, c'était dans le droit fil de ce que j'avais toujours aimé faire : construire des silhouettes mais aussi aller respirer l'air du temps un peu partout, partir en repérage dans toutes sortes de magasins et par extension contribuer à faire consommer beaucoup de vêtements bien neufs. Je suis rentrée dans la valse de tous ces bras chargés de paquets, toutes ces jambes qui continuaient d'avancer de vitrine en vitrine le long de ces magasins qui se transformaient en musée avec leurs expositions belles et attirantes et je pensais à Warhol qui avait prédit que les musées deviendraient des grands magasins.

Cependant, j'étais parfois écœurée par les dizaines de kilos de coton entassées dans ces placards, par ces fibres privées d'air qui parlaient de l'usure d'une façon d'acheter. Nous sommes tous porteurs d'une fidélité à une silhouette qui nous fait sans cesse être attiré par les mêmes pulls, pantalons, couleurs. Il y a bien sûr la contrainte de notre morphologie, on sait que telle forme nous met en valeur et on est rassuré de la voir d'année en année au plus près de nous. Donc on la rachète. En double, en triple sans jeter ni forcément donner celle qui est usée. On capitalise, on devient riche en vêtements, on se promène dans des magasins-musées qui nous donnent l'impression d'être cultivé.

En rangeant j'épurais et pointais ce qui est essentiel à avoir sous les yeux et non ce qui brouille la vue par une profusion de trop de rien. Ainsi, si j'avais pénétré dans l'intimité de mes clients pour les aider à construire un style au plus près de leurs vies tout en insistant sur le fait que tout n'était pas indispensable, je me formais en formant car j'avais de plus en plus de mal à supporter l'accumulation pour l'accumulation et ces consultations résonnaient comme un appel à la prise de conscience.

LES VÊTEMENTS RANGÉS

Au moment où la lumière monte ou descend dans l'année, début du printemps ou fin de l'été, choisir de ranger ses vêtements.

À chaque début de saison nouvelle, quand la matière se fait soit trop légère ou pas assez lourde, ouvrir son placard, ses tiroirs, et trier. Je regarde suspendues ou pliées, toutes les formes qui m'ont accompagnée, pour chaque jour où je suis allée à la rencontre de ma vie. J'attrape les jupes, les pantalons, les pulls, je respire leur odeur et ferme les yeux pour me souvenir des moments que j'ai passés avec eux. La dernière fois, c'était au tout début du mois d'octobre puisque septembre avait été clément. Était-ce parce que les années avaient commencé à s'empiler mais qu'en touchant la mousseline d'une robe, en pliant les manches d'une vareuse en soie, je me suis demandé quel état me trouverait la prochaine fois que je les ressortirai. Pourrai-je continuer à porter ce short qui m'emportait marcher pendant des heures ? Il était à la très exacte longueur, celle que j'aimais quand je l'enfilais. Son jean avait la douceur d'une peau de pêche tellement il avait été lavé et surtout il représentait pour moi la liberté totale.

C'était bien moi qui avais écrit ces mots pour parler de mon métier : « ce que l'on choisit de dévoiler ou ce que l'on se retient de montrer ».

J'avais bien fait jurer à ma fille, à ma sœur, que surtout elles me diraient le moment précis où il faudrait renoncer à mon short adoré si je ne l'avais pas remarqué toute seule. Je savais pouvoir compter sur leur franchise.

Mais comment rester fidèle à tout ce qui continue de faire vibrer tout en acceptant d'évoluer ?

Comment faire lorsqu'on ne se reconnaît ni dans le jeunisme, pas plus que dans l'âge trop endossé et brandi tel un étendard qui prétendrait que ce qui compte c'est de s'assumer ? Comment faire lorsque ces options semblent étrangères à ce que l'on ressent tant elles paraissent dénuées de fluidité, d'essence, de tout ce qui accompagne nos mouvements dans nos vêtements, de la perception différente par exemple d'un geste de la main, lorsque les ongles sont vernis et qui donne l'impression que quelque chose se prolonge dans l'espace. Comment faire aussi quand on est attaché à la politesse qui tend vers davantage d'effacement, doucement et élégamment ?

À quoi pourraient ressembler ces vêtements qui correspondraient à toutes ces nuances et accompagneraient gaiement, et sans être rasants, les différents passages du temps ?

Tout d'un coup, je pensais à ce jeu à la cantine où l'on pouvait lire son âge au fond des verres Duralex. J'aimais bien aussi décider que 62 ans c'était 26 à l'envers. Cela marchait tant qu'on ne passait pas à la moitié de la dizaine car 57 avait fini par donner 75. J'avais aussi remarqué que les personnes qui, en prenant de l'âge, avaient continué d'attacher de l'importance à l'identité de leur style, étaient très exactement celles qu'on ne réduisait pas à un âge. On parlait alors beaucoup plus d'élégance, de créativité, de personnalité, des qualités propres à l'immanence. Il s'agissait de s'adapter tout en gardant la nature de tout son être.

Très souvent, j'avais entendu que les femmes en vieillissant devaient raccourcir la longueur de leurs cheveux. Un petit carré propre et net. Il y avait une de mes connaissances qui avait les cheveux ondulés et qui à soixante ans, avait de faux airs de Shirley Temple. Elle vivait dans le Northumberland, aimait le grand air et devait réconcilier une part enfouie de sa féminité. Elle portait ses cheveux trop courts, elle les avait pourtant formidablement toniques, pour concéder à ce qu'elle avait entendu de ce qui se faisait ou pas. Et réduisait tout ce qui justement chez elle devait continuer de boucler, d'onduler vers davantage de sensualité, de plaisir des jours à vivre. C'était une femme traductrice qui avait l'art des mots qui s'enchevêtraient rondement les uns dans les autres. Lorsqu'elle a fini de se laisser pousser les cheveux, elle a laissé une part d'elle s'ouvrir à un temps à venir plus gai, plus en rapport aussi avec l'enfant qu'elle disait avoir été, curieuse et gourmande.

Je repensais aussi à cette boîte orange dans laquelle j'avais conservé un vêtement de bébé de chacun de mes enfants. J'aimais bien l'ouvrir, l'odeur de la grenade mêlée de savon s'en dégageait immédiatement. Je dépliai le papier de soie et retrouvai quatre petites formes délicieuses et si pleines de ce qui avait été, pour mystérieusement pousser et devenir une jeune femme et trois jeunes hommes qui tous me dépassaient et étaient capables de me serrer vigoureusement dans leurs bras.

Les vêtements rangés indiquent le passage du temps, de la transformation.

Je voudrais pouvoir continuer de marcher vite dans les forêts, le long des océans avec l'écume des vagues qui m'arrose tout en me sentant portée par des formes et couleurs que j'aime, sans pour autant rallonger mon short façon boy-scout, ce qui m'irait comme des bretelles à un homard, car je suis trop petite. Mais lorsque je marche au printemps et à l'été, sentir l'air le long de mes jambes est proprement merveilleux. Vieillir ce n'est pas automatiquement raccourcir ses cheveux ou rallonger ses shorts, c'est essayer de donner corps à une forme qui se transforme.

L'apparence a une part essentielle pour accompagner cette évolution.

Je pense aussi à cette femme de quatre-vingts ans qui me parle de sa fidélité à ce détail passé : continuer à se vernir les ongles de pieds d'un rouge noir tout au long de l'année. En hiver, elle est la seule à le savoir. C'est un clin d'œil fondamental d'elle à elle.

Chacun de nous est détenteur du secret qui permet de maintenir l'harmonie entre passé et présent, ce fil tendu qui continue de se tricoter.

Trouver des tissus, des imprimés, des couleurs auxquels on souhaite rester fidèle en les réinterprétant est ce que j'ai commencé à faire. Cela me donne la sensation que je renonce tout en m'amusant. J'aime une part de dignité dans l'originalité, ne pas tout exposer, tout dire, tout expliquer. Écouter Voltaire qui écrivait que le secret d'ennuyer est celui de tout dire.

J'aime ranger mes vêtements, abandonner sur le côté ce qui a fini d'être moi, donner à ma fille ce qui lui plaît, imaginer les pulls que je pourrais tricoter comme l'avaient fait avant moi ma grand-mère et maman, des cardigans au point de jersey serré et régulier, aux manches de couleurs différentes, que je pourrais poser comme çà sur mes épaules, lorsque j'aurai un peu froid.

Et faire confiance aux tissus, aux couleurs.

LA CANADIENNE

L'ANNÉE DERNIÈRE, MA SŒUR ET moi avons dû vider l'appartement de nos parents. Maman avait fini de pouvoir aider Papa. Pendant ces dix dernières années, elle était allée au bout de sa résistance en l'accompagnant chaque jour dans sa lutte contre la maladie de Parkinson. Un dimanche soir, l'hôpital m'a appelée pour me dire qu'elle était en réanimation pour détresse respiratoire. Aujourd'hui, la fragilité de sa vie ne tient qu'à la force qu'elle continue de déployer en continuant d'aspirer dans sa vulnérabilité, chaque petit moment qui se présente.

Quand tout cela est arrivé, nous étions comme des enfants de cinquante ans qui n'étaient pas du tout préparés à devenir les parents de leurs parents. Autant reconnaître que je n'ai pas du tout aimé cela. Au départ, une formidable colère m'a envahie, celle qui sans doute voulait cacher de la tristesse et de la peur. Mais une colère qui montait comme un flux d'enfant trépignant qui en voulait à la vie, et surtout à Maman qui nous avait laissés dans l'ignorance de tout ce qu'il y aurait à gérer. Des étés durant, j'avais suggéré qu'elle soit aidée. Sur la plage au Portugal, je me revois m'emporter en lui disant qu'elle faisait l'autruche, puis insister plus doucement pour qu'elle accueille d'autres solutions que la répétition du quotidien de la maladie, derrière lequel elle se réfugiait pour éviter de regarder au loin. Et puis finalement je finissais toujours par la laisser continuer et je laissais tomber.

Alors c'était sûr qu'un jour tout cela allait nous rattraper. C'est comme cela qu'on s'est retrouvé avec ma sœur à trier toutes leurs affaires. Meubles, tableaux, objets, papiers, médicaments, bijoux, draps anciens, centaines de livres, services de vaisselle, rideaux, photos, films, aspirateur, balais, marteaux, musique, impôts, dessins, souvenirs de nous enfants et...... leurs vêtements.

Ce qui était particulier, c'est qu'il fallait décider pour eux. Il ne s'agissait pas de souvenirs de personnes disparues dont on aurait choisi de préserver la mémoire en la chérissant, mais bien d'une vie qui tout d'un coup s'arrêtait pour continuer ailleurs dans une forme beaucoup plus restreinte.

Il a fallu défaire les lits. En soulevant l'oreiller de maman, je savais ce que j'allais y trouver. Mais pas de ce que j'allais décider. Plus loin tout au fond d'une armoire, j'ai trouvé la suite de ce que ce pourquoi encore je devrais me décider. Maman était tellement fragile que je craignais par-dessus tout de lui parler du trésor qu'elle avait chaque nuit roulé en boule depuis cette nuit de février 1985.

Il avait fait jusqu'à moins 17 degrés cette année-là. Chaque lundi matin, mon frère Marc repartait à l'est de Paris vers sa pension qu'il n'aimait pas beaucoup et encore moins lorsqu'il devait affronter un froid polaire. Il portait un énorme pull norvégien rouge et gris, et maman lui avait acheté plusieurs paires de gants. Il avait son gros sac de marin en bandoulière à l'épaule et de la même manière que Maman l'avait vu arriver le vendredi soir, le sourire du libéré aux lèvres, c'était elle qui le regardait s'éloigner sur le boulevard dans le noir du tout petit matin. Il portait sa canadienne Chevignon remontée jusqu'aux oreilles et s'enfonçait tout au loin pour aller rejoindre son train vers une semaine qui l'éloignerait de nous. Marc aurait pu être comme un héros de Tintin, aimé de 7 à 77 ans aussi bien par les personnes âgées qui l'adoraient que par les tout petits cousins qu'il faisait se tordre de rire. Impossible de ne pas aimer sa blondeur, sa gueule d'ange, ses postures de chat alangui mollement sur le canapé. Un été à la campagne, il m'avait servi de cobaye, je l'habillais, lui choisissais ses vêtements que j'assortissais au gré de mes envies. Il avait le don de se laisser faire gentiment, sans que rien ne soit jamais très sérieux. C'était toujours lui qu'on envoyait réclamer de l'argent ou des bonbons à ma grand-tante qui lui vouait une adoration sans borne. Plus tard, il est devenu adolescent à la manière d'un enfant, papa se pliait à toutes ses plaisanteries les plus loufoques tout en se désespérant de ne pas le voir travailler davantage. C'était la raison pour laquelle il avait été collé en pension.

L'année de sa disparition, il promenait son long corps élégant dans des jeans un peu trop grands pour lui, des pulls shetland bleu ciel et entourait sa gorge dans des écharpes à carreaux. Il rêvait d'avoir des mocassins, admirait mon frère aîné qui cirait les siens religieusement. Avec notre cousin, il regardait en boucle la série « Amicalement vôtre » et s'imaginait dans la peau de Lord Sinclair. Plus tard, quelqu'un dirait de lui qu'il faisait partie des êtres qu'on n'imaginait pas vieillir. Il aurait été idéal dans le casting du *Jardin des Finzi-Contini* pour arriver le sourire aux lèvres, en short et polo aller disputer une partie de tennis. Ou dans une nouvelle de Scott Fitzgerald pour la fragilité derrière la grâce de la futilité.

Cela fait si longtemps, trente-cinq années à l'intérieur desquelles flotte le souvenir de son éternelle gentillesse, de son rire suspendu qui continue à se moquer tendrement. Il y a ce parfum de lui que j'ai continué à chercher derrière chaque attitude de mes trois fils : un zeste de François pour l'humour et la forme du crâne parfaitement ronde, une pincée d'Alfred pour la sensibilité à fleur de peau et ceci de Jean-Baptiste pour le tempérament heureux et flegmatique. Dans chacun des trois, cette même élégance alanguie, ces corps de jeunes adultes dans lesquels frise toujours l'éternellement adolescent qui n'en finit pas de vouloir rester attaché à la profondeur de la légèreté.

40

Pour lui et grâce à lui, ne pas être capable de vieillir, se garder la fraîcheur du cœur quel que soit le scénario.

Maman avait conservé les vêtements de ses dix-huit ans et demi. Un jour elle m'a donné sa canadienne. Je savais tout ce que ce geste signifiait de transmission, désirer retrouver en un éclair de vision, la silhouette de son fils. Il n'y avait là rien de mortifère, seulement donner à ses petit-fils un vêtement qui ne pouvait plus s'animer dans son placard.

Alors, elle est passée dans notre penderie. Ils s'y sont tous essayés, certainement un peu impressionnés. Tous comme dans un conte, ils l'ont essayée, sont allés se regarder dans la grande glace au-dessus de la commode.

Et tous ils n'ont pas réussi à la porter. Elle ne leur allait pas. Ce n'était même pas un effet de mode ni même de taille. C'était juste qu'au-delà des années, ce vêtement continuait d'appartenir à mon frère et que chacun de mes fils a souhaité, chacun à sa manière, la lui laisser pour toujours.

J'aime penser que comme par magie, elle a décidé d'être fidèle à Marc, refusant d'être transposée, continuant à épouser la forme unique de ses épaules, l'essence de ses humeurs, le secret des étreintes qu'il donnait. Comme lui *forever young*.

Quand, bien plus tard, je me suis retrouvée à devoir décider quoi faire des vêtements que Maman avait gardés, jusqu'à son dernier tee-shirt, enfoui sous l'oreiller, j'ai finalement tranché et je n'ai rien conservé.

Que faire de tous ces morceaux d'étoffe qui nous parlent d'un temps chéri qui ne reviendra jamais ? Sous nos yeux, ils poursuivent de prendre la forme du tout, de la matière inoubliable. Impossible de ne les renvoyer qu'à de la futilité car derrière l'apparence il y a eu la profondeur de la vie. Ils épousent non seulement notre dimension physique mais aussi gardent la trace visible de notre personnalité. Comment imaginer que l'on puisse encore continuer à opposer une forme supposée superficielle à un fond qui bien sûr revêtirait toute l'authenticité d'une personnalité. Avec les vêtements des disparus, on réalise combien l'étoffe pèse lourd dans le poids du souvenir car elle continue de porter l'affectif et l'imaginaire qui leur sont liés.

J'ai donné tous les vêtements, ceux de mon frère mais aussi ceux qui ne serviraient plus ni à maman ni à papa. Pour que servent loin de nos yeux, vestes et blousons qui donnent chaud.

De la même manière que j'avais hérité d'un manteau en poil de chameau appartenant à une femme de notaire, la canadienne de mon frère est partie rejoindre une autre personne.

Un jour je retrouverai mon frère, on se sourira avec les yeux en même temps que la bouche sinon ça ne compte pas vraiment.

À mon tour, je laisserai derrière moi un tas de vêtements que j'aurais choisis et chéris. Si je le peux bien sûr, j'aurai fait en sorte de n'en laisser que l'essentiel.

Faire le tri à temps, ne pas s'embaumer dans son propre musée d'étoffes est affaire de style et d'élégance pour épargner ceux qui restent.

Je n'aurai qu'un souhait, celui qu'ils soient réduits en bobine de fil pour être tissés différemment par quelqu'un dont la créativité saura les réinventer.

COSTUMES, RÔLES ET DÉCORS

DANS UNE PETITE BOUTIQUE AU fond d'une ruelle des quartiers espagnols de Naples, j'ai rencontré une chemise en coton à petits carreaux verts, avec une fantastique broderie qui représentait une scène de polo : trois hommes à cheval bottés et casqués dans des tons de rouge, marron, or et blanc faisaient tournoyer leurs maillets pour tenter de frapper la balle en bois. Elle avait un côté très « 80' », et serait idéale avec un short blanc taille très haute, avec de larges passants à la ceinture. Je l'ai enfilée, elle tombait idéalement et j'ai éprouvé un plaisir absolu, celui de la trouvaille, ce qu'elle renvoyait de lumière dans le miroir, mais surtout parce qu'à elle seule, elle formait le cadre d'un tableau dans lequel je pouvais rentrer et m'échapper par l'imagination. Projection dans les situations où je pourrais la porter et retour en arrière pour toute l'époque qu'elle m'évoquait. Travelling avant et arrière.

Un voyage dans le voyage.

Mon dernier fils m'accompagnait. Il présentait un concours d'une école de cinéma pour lequel il avait dû rendre un dossier avec une trame tissée autour d'un mot donné. Il y avait imaginé l'histoire de sa grand-mère qui aurait vécu dans les faubourgs de « Napoli ». Maman, pourtant très malade, s'était prêtée au jeu en tricotant pour lui et en rentrant dans la comédie en campant son personnage inventé.

Un matin d'hiver, Maman nous a quittés et n'a pu vivre avec nous l'annonce tant espérée de l'admissibilité au concours. Le printemps s'est installé et avec lui l'espoir d'un troisième tour où mon fils devrait en dire un peu plus sur Naples et les lieux imaginés. Alors j'ai eu envie de partir sur les traces inexistantes de cette histoire conçue avec beaucoup d'amour par ma mère et mon fils. Et c'est comme cela qu'un jour de pluie torrentielle, je suis rentrée m'abriter dans cette boutique et ai fait la rencontre de cette chemise.

Je suis partie avec elle et mon fils, nous avons arpenté tous les lieux qu'il avait décrits, le quartier Stella, le Musée archéologique, la piazza del Mercato, Mergellina et la mer qui pétille… Cette fois-ci je voulais prendre le vêtement comme un costume qui m'emporterait dans un nouveau décor et m'imposerait un rôle à l'opposé de ce que j'avais dû vivre. Je voulais que toutes les fibres du tissu marquent un temps différent et que je me souvienne pour longtemps qu'il pouvait être différent. On marchait sans répit, la ville était bouillonnante, belle et laide à la fois, furieuse et joyeuse, ses contrastes et son agitation venaient couvrir tous les bruits intérieurs qui avaient martelé mon esprit depuis trois mois.

Plus de bruit sur le bruit.

Plus de laideur qui autorisait à se souvenir de la misère et de l'impossible.

Naples était si sale et en décomposition qu'il devenait possible d'être happée visuellement et la façon dont mon frère aîné avait choisi de se tuer en janvier, pouvait y coexister. J'aimais les voitures qui ne respectaient rien, la pollution hors la loi, les églises aux façades soutenues d'échafaudages qui conservaient le silence, et les cactus dans le jardin botanique. Nous logions dans un appartement sur un toit rempli de livres du sol au plafond. Il appartenait à un philosophe qui nous avait accueillis dans une chemise blanche presque amidonnée sur son ventre rebondi, un livre de Leopardi à la main. Son pantalon était tenu par une paire de bretelles et au moment de nous quitter, il a enfilé un long trench kaki, mis son livre dans sa poche puis a posé un feutre sur sa tête. Je dormais aux pieds d'Ovide et de Platon, je me réveillais avec Dante et Cremonini. Au Musée archéologique, je me postais sous les immenses statues et je regardais le plissé de leurs toges ; sur les mosaïques de Pompéi, j'observais les stolas et les pallas que portaient les femmes, ces longues tuniques si proches de ce que nous aimions aujourd'hui.

Nous rentrions dans des églises où se tenaient des mariages et assistions le temps d'un cantique au bal des tenues de cérémonie. En attendant un taxi dans une ruelle poussiéreuse, je regardais une grand-mère et sa petite fille qui étaient sorties fumer une cigarette sur le pas de leur porte et je distinguais l'intérieur très sombre de leur cuisine. Elles, pendant ce temps-là, s'agitaient et nous dévisageaient, l'une dans son jean pailleté ultra moulant et l'autre dans son maxi tee-shirt rose bonbon.

Chez Marinella, le long de la mer, j'achetais des cravates faites à la main, le propriétaire dans son costume rayé sur chemise et cravate rayées, nous offrait le café glacé à la noisette et nous correspondions en nous souriant.

Partout où j'allais dans Naples, j'aimais observer tous ces vêtements qui portaient toutes ces vies.

Il y avait le décor, les rôles et les costumes et tout ce que je pouvais imaginer derrière. La possibilité de deviner des caractères, des personnalités sous ces vêtements que je ne faisais que croiser fugacement dans ces marches éperdues du matin au soir. Sous le soleil de mai, j'aimais que la brise marine de Naples m'inspire ce qui vibrait sous chaque habit. Du souffle sous les fibres, de l'émotion dans les tissages. Cela m'apparaissait comme une formidable scène sur laquelle pouvaient apparaître bien des costumes différents mais, pourtant liés entre eux par l'essence même de la vie. Je me disais que mon métier pouvait contribuer à ce ballet, je voulais participer à tous ces mouvements, concourir à la lumière, régler un peu les éclairages, faire sourire joliment et pas trop sérieusement.

Je tenais au plaisir, à la futilité, à l'éphémère.

Rien n'était plus agréable que la joie observée dans les miroirs chez les femmes et les hommes que j'avais accompagnés. Les entendre me dire : « je n'aurais jamais pensé à ces associations, je n'aurais pas cru que c'était possible que je puisse porter cela… ». Du doux, du caressant, du léger pour les yeux et pour le cœur.

Ma chemise à petits carreaux verts jouait le jeu avec moi, elle avait peut-être deviné qu'elle était l'accessoire pour tenter de passer d'un temps vers un autre, en visitant de nouvelles scènes. Comme ces tenues que j'avais souvent trouvées dans les placards que j'avais visités depuis vingt ans, qui ne ressemblaient pas aux autres et qui étaient restées là pour témoigner d'une époque à dépasser. Des pièces essentielles qui avaient permis de jouer des rôles en se tenant là, face à des situations de vie dont on ne souhaitait pas qu'elles nous ressemblent.

L'appartement sur le toit nous attendait, je montais les cinq étages et me précipitai pour m'écrouler sur le lit d'où je pourrais voir Naples à 360 degrés.

Du haut d'une étagère, un livre est tombé à mes côtés.

Je l'ai pris, c'était Nietzsche, *Le Gai Savoir*.

J'ai découvert cette phrase : « Les Grecs étaient superficiels… par leur profondeur ».

Comme tout cela était bien. Je décidai que je pouvais m'endormir maintenant et rêver au vêtement magique qui m'attendait.

Crédits iconographiques

Page 8 : Pochette de l'album éponyme de Melina Mercouri, photographie de Patrick Bertrand, Polydor, 1973. © D. R.

Page 15 : Petite fille en manteau, *circa* 1960. © D. R.

Page 21 : L'hôtel © Archives personnelles de l'autrice.

Page 32 : Le col roulé noir. © Archives personnelles de l'autrice.

Page 41 : Deborah Kerr, *circa* 1947. © Collection Christophel.

Page 58 : Boots de scène portées par David Bowie lors de l'*Aladdin Sane Tour*, 1973. © D. R.

Page 84 : Scène du film *Il Giardino dei Finzi Contini* de Vittorio De Sica, 1970. © Reporters Associati & Archivi / Mondadori Portfolio / Bridgeman Images.

Page 92 : La chemise à petits carreaux. © Archives personnelles de l'autrice.

Direction éditoriale : Maud Simonnot
Coordination éditoriale : Élodie Brissaud
Conception graphique : Virginie Perrollaz
Fabrication : Virginie Kiffer, Pablo Durán
et Bénédicte Duval-Huet
Correction : Sylvie Kempler
Relations presse : Caroline Gutmann, Céleste Havez
et Pauline Brossard
Relations libraires : Juliette Plé
Élisabeth Olliéric est représentée
par Sophie Langlais de l'Agence BAM

Ce texte a été réalisé par Nord-Compo à Villeneuve-d'Ascq
et achevé d'imprimer chez Normandie Roto en décembre 2024.

Par vent du sud-ouest 5 à 6, temporairement 7, mollissant 3 à 5,
mer agitée s'atténuant, houle modérée de secteur ouest.

Dépôt légal : avril 2025. N° 158781 (2405647) Imprimé en France